# Zeitgedichte

Heinrich Heine

## Impressum

Autor: Heinrich Heine
Umschlagkonzept: toepferschumann, Berlin

Verlag: tredition GmbH, Hamburg
ISBN: 978-3-8472-3647-4
Printed in Germany

Tucholsky   Wagner   Zola   Scott   Sydow   Freud   Schlegel

Turgenev   Wallace   Fonatne

Twain   Walther von der Vogelweide   Fouqué   Friedrich II. von Preußen

Weber   Freiligrath   Frey

Fechner   Fichte   Weiße Rose   von Fallersleben   Kant   Ernst   Frommel

Richthofen

Engels   Fielding   Hölderlin   Tacitus   Dumas

Fehrs   Faber   Flaubert   Eichendorff

Eliasberg   Ebner Eschenbach

Feuerbach   Maximilian I. von Habsburg   Fock   Eliot   Zweig

Ewald   Vergil

Goethe   Elisabeth von Österreich   London

Mendelssohn   Balzac   Shakespeare   Dostojewski   Ganghofer

Trackl   Lichtenberg   Rathenau   Doyle   Gjellerup

Mommsen   Stevenson   Tolstoi   Hambruch   Droste-Hülshoff

Thoma   Lenz   Hanrieder

Dach   Verne   von Arnim   Hägele   Hauff   Humboldt

Reuter   Rousseau   Hagen   Hauptmann   Gautier

Karrillon   Garschin

Damaschke   Defoe   Hebbel   Baudelaire

Descartes   Hegel   Kussmaul   Herder

Wolfram von Eschenbach   Dickens   Schopenhauer   Rilke   George

Darwin   Melville   Grimm Jerome   Bebel

Bronner   Campe   Horváth   Aristoteles   Proust

Bismarck   Vigny   Barlach   Voltaire   Federer   Herodot

Gengenbach   Heine

Storm   Casanova   Tersteegen   Grillparzer   Georgy

Chamberlain   Lessing   Langbein   Gilm   Gryphius

Brentano   Lafontaine

Strachwitz   Claudius   Schiller   Schilling   Kralik   Iffland   Sokrates

Katharina II. von Rußland   Bellamy   Raabe   Gibbon   Tschechow

Gerstäcker

Löns   Hesse   Hoffmann   Gogol   Wilde   Vulpius

Luther   Heym   Hofmannsthal   Gleim

Roth   Klee   Hölty   Morgenstern   Goedicke

Luxemburg   Heyse   Klopstock   Puschkin   Homer   Kleist

La Roche   Horaz   Mörike   Musil

Machiavelli   Kierkegaard   Kraft   Kraus

Navarra   Aurel   Musset

Nestroy   Marie de France   Lamprecht   Kind   Kirchhoff   Hugo   Moltke

Nietzsche   Nansen   Laotse   Ipsen   Liebknecht

Marx   Ringelnatz

von Ossietzky   Lassalle   Gorki   Klett   Leibniz

May   vom Stein   Lawrence

Petalozzi   Irving

Platon   Knigge

Sachs   Pückler   Michelangelo   Kock   Kafka

Poe   Liebermann

de Sade   Praetorius   Mistral   Zetkin   Korolenko

Der Verlag tredition aus Hamburg veröffentlicht in der Reihe **TREDITION CLASSICS**
Werke aus mehr als zwei Jahrtausenden. Diese waren zu einem Großteil vergriffen
oder nur noch antiquarisch erhältlich.

Symbolfigur für **TREDITION CLASSICS** ist Johannes Gutenberg (1400 — 1468),
der Erfinder des Buchdrucks mit Metalllettern und der Druckerpresse.

Mit der Buchreihe **TREDITION CLASSICS** verfolgt tredition das Ziel, tausende
Klassiker der Weltliteratur verschiedener Sprachen wieder als gedruckte Bücher
aufzulegen – und das weltweit!

Die Buchreihe dient zur Bewahrung der Literatur und Förderung der Kultur.
Sie trägt so dazu bei, dass viele tausend Werke nicht in Vergessenheit geraten.

Text der Originalausgabe

Heinrich Heine

# Zeitgedichte

(1839–1846).

Hamburg.

## Hoffmann und Campe.

1868.

# 1.

## Doktrin.

Schlage die Trommel und fürchte dich nicht,
Und küsse die Marketenderin,
Das ist die ganze Wissenschaft,
Das ist der Bücher tiefster Sinn.

Trommle die Leute aus dem Schlaf,
Trommle Reveille mit Jugendkraft,
Marschiere trommelnd immer voran,
Das ist die ganze Wissenschaft.

Das ist die Hegel'sche Philosophie,
Das ist der Bücher tiefster Sinn,
Ich hab' sie begriffen, weil ich gescheit,
Und weil ich ein guter Tambour bin.

**2.**

## Adam der Erste

Du schicktest mit dem Flammenschwert
Den himmlischen Gendarmen,
Und jagtest mich aus dem Paradies,
Ganz ohne Recht und Erbarmen!

Ich ziehe fort mit meiner Frau
Nach andren Erdenländern;
Doch dass ich genossen des Wissens Frucht,
Das kannst du nicht mehr ändern.

Du kannst nicht ändern, dass ich weiß,
Wie sehr du klein und nichtig,
Und machst du dich auch noch so sehr
Durch Tod und Donnern wichtig.

O Gott! wie erbärmlich ist doch dies
Konsilium abeundi!
Das nenne ich einen Magnifikus
Der Welt, ein Lumen Mundi!

Vermissen werde ich nimmermehr
Die paradiesischen Räume;
Das war kein wahres Paradies –
Es gab dort verbotene Bäume.

Ich will mein volles Freiheitsrecht!
Find' ich die g'ringste Beschränknis,
Verwandelt sich mir das Paradies
In Hölle und Gefängnis.

# 3.

## Warnung.

Solche Bücher lässt du drucken!
Theurer Freund, du bist verloren!
Willst du Geld und Ehre haben,
Musst du dich gehörig ducken.

Nimmer hätt' ich dir gerathen,
So zu sprechen vor dem Volke,
So zu sprechen von den Pfaffen
Und von hohen Potentaten!

Theurer Freund, du bist verloren!
Fürsten haben lange Arme,
Pfaffen haben lange Zungen,
Und das Volk hat lange Ohren!

**4.**

## An einen ehemaligen Goetheaner

(1832.)

Hast du wirklich dich erhoben
Aus dem müßig kalten Dunstkreis,
Womit einst der kluge Kunstgreis
Dich von Weimar aus umwoben?

Gnügt dir nicht mehr die Bekanntschaft
Seiner Klärchen, seiner Gretchen?
Fliehst du Serlo's keusche Mädchen
Und Ottiliens Wahlverwandtschaft?

Nur Germanien willst du dienen,
Und mit Mignon ist's vorbei heut,
Und du strebst nach größrer Freiheit
Als du fandest bei Philinen?

Für des Volkes Oberhoheit
Lünebürgerthümlich kämpfst du,
Und mit kühnen Worten dämpfst du
Der Despoten Bundesroheit!

In der Fern' hör' ich mit Freude,
Wie man voll von deinem Lob ist,
Und wie du der Mirabeau bist
Von der Lüneburger Heide!

## 5.

### Geheimnis.

Wir seufzen nicht, das Aug' ist trocken,
Wir lächeln oft, wir lachen gar!
In keinem Blick, in keiner Miene
Wird das Geheimnis offenbar.

Mit seinen stummen Qualen liegt es
In unsrer Seele blut'gem Grund;
Wird es auch laut im wilden Herzen,
Krampfhaft verschlossen bleibt der Mund.

Frag du den Säugling in der Wiege,
Frag du die Todten in dem Grab,
Vielleicht daß Diese dir entdecken,
Was ich dir stets verschwiegen hab'.

# 6.

## Bei des Nachtwächters Ankunft zu Paris.

»Nachtwächter mit langen Fortschrittsbeinen,
Du kommst so verstört einher gerannt!
Wie geht es daheim den lieben Meinen,
Ist schon befreit das Vaterland?«

Vortrefflich geht es, der stille Segen,
Er wuchert im sittlich gehüteten Haus,
Und ruhig und sicher, auf friedlichen Wegen,
Entwickelt sich Deutschland von innen heraus.

Nicht oberflächlich wie Frankreich blüht es,
Wo Freiheit das äußere Leben bewegt;
Nur in der Tiefe des Gemüthes
Ein deutscher Mann die Freiheit trägt.

Der Dom zu Köllen wird vollendet,
Den Hohenzollern verdanken wir Das;
Habsburg hat auch dazu gespendet,
Ein Wittelsbach schickt Fensterglas.

Die Konstitution, die Freiheitsgesetze,
Sie sind uns versprochen, wir haben das Wort,
Und Königsworte, Das sind Schätze,
Wie tief im Rhein der Niblungshort.

Der freie Rhein, der Brutus der Flüsse,
Er wird uns nimmermehr geraubt!
Die Holländer binden ihm die Füße,
Die Schwyzer halten fest sein Haupt.

Auch eine Flotte will Gott uns bescheren,
Die patriotische Überkraft
Wird lustig rudern auf deutschen Galeren;
Die Festungsstrafe wird abgeschafft.

Es blüht der Lenz, es platzen die Schoten,
Wir athmen frei in der freien Natur!
Und wird uns der ganze Verlag verboten,
So schwindet am Ende von selbst die Censur.


7.

# Der Tambourmajor.

Das ist der alte Tambourmajor,
Wie ist er jetzt herunter!
Zur Kaiserzeit stand er im Flor,
Da war er glücklich und munter.

Er balancierte den großen Stock
Mit lachendem Gesichte;
Die silbernen Tressen auf seinem Rock,
Die glänzten im Sonnenlichte.

Wenn er im Trommelwirbelschall
Einzog in Städten und Städtchen,
Da schlug das Herz im Wiederhall
Den Weibern und den Mädchen.

Er kam und sah und siegte leicht,
Wohl über alle Schönen;
Sein schwarzer Schnurrbart wurde feucht
Von deutschen Frauenthränen.

Wir mussten es dulden! In jedem Land,
Wo die fremden Eroberer kamen,
Der Kaiser die Herren überwand,
Der Tambourmajor die Damen.

Wir haben lange getragen das Leid,
Geduldig wie deutsche Eichen,
Bis endlich die hohe Obrigkeit
Uns gab das Befreiungszeichen.

Wie in der Kampfbahn der Auerochs,
Erhuben wir unsere Hörner,
Entledigten uns des fränkischen Jochs
Und sangen die Lieder von Körner.

Entsetzliche Verse! sie klangen ins Ohr
Gar schauderhaft den Tyrannen!
Der Kaiser und der Tambourmajor,
Sie flohen erschrocken von dannen.

Sie ernteten Beide den Sündenlohn
Und nahmen ein schlechtes Ende.
Es fiel der Kaiser Napoleon
Den Britten in die Hände.

Wohl auf der Insel Sankt-Helena
Sie marterten ihn gar schändlich;
Am Magenkrebse starb er da
Nach langen Leiden endlich.

Der Tambourmajor, er ward entsetzt
Gleichfalls von seiner Stelle.
Um nicht zu verhungern, dient er jetzt
Als Hausknecht in unserm Hotele.

Er heizt den Ofen, er fegt den Topf,
Muß Holz und Wasser schleppen;
Mit seinem wackelnd greisen Kopf
Keucht er herauf die Treppen.

Wenn mich der Fritz besucht, so kann
Er nicht den Spaß sich versagen,
Den drollig schlotternd langen Mann
Zu nergeln und zu plagen.

Laß ab mit Spöttelein, o Fritz!
Es ziemt Germania's Söhnen
Wohl nimmermehr, mit schlechtem Witz
Gefallene Größe zu höhnen.

Du solltest mit Pietät, mich däucht,
Behandeln solche Leute;
Der Alte ist dein Vater vielleicht
Von mütterlicher Seite.

# 8.

## Entartung.

Hat die Natur sich auch verschlechtert,
Und nimmt sie Menschenfehler an?
Mich dünkt, die Pflanzen und die Thiere,
Sie lügen jetzt wie Jedermann.

Ich glaub' nicht an der Lilje Keuschheit,
Es buhlt mit ihr der bunte Geck,
Der Schmetterling; der küsst und flattert
Am End' mit ihrer Unschuld weg.

Von der Bescheidenheit der Veilchen
Halt' ich nicht viel. Die kleine Blum',
Mit den koketten Düften lockt sie,
Und heimlich dürstet sie nach Ruhm.

Ich zweifle auch, ob sie empfindet,
Die Nachtigall, Das, was sie singt;
Sie übertreibt und schluchzt und trillert
Nur aus Routine, wie mich dünkt.

Die Wahrheit schwindet von der Erde,
Auch mit der Treu' ist es vorbei.
Die Hunde wedeln noch und stinken
Wie sonst, doch sind sie nicht mehr treu.

# 9.

## Heinrich.

Auf dem Schloßhof zu Canossa
Steht der deutsche Kaiser Heinrich,
Barfuß und im Büßerhemde,
Und die Nacht ist kalt und regnigt.

Droben aus dem Fenster lugen
Zwo Gestalten, und der Mondschein
Überflimmert Gregor's Kahlkopf
Und die Brüste der Mathildis.

Heinrich mit den blassen Lippen
Murmelt fromme Paternoster;
Doch im tiefen Kaiserherzen
Heimlich knirscht er, heimlich spricht er:

»Fern in meinen deutschen Landen
Heben sich die starken Berge,
Und im stillen Bergesschachte
Wächst das Eisen für die Streitaxt.

»Fern in meinen deutschen Landen
Heben sich die Eichenwälder,
Und im Stamm der höchsten Eiche
Wächst der Holzstiel für die Streitaxt.

»Du, mein liebes, treues Deutschland,
Du wirst auch den Mann gebären,
Der die Schlange meiner Qualen
Niederschmettert mit der Streitaxt.«

**10.**

## Lebensfahrt.

Ein Lachen und Singen! Es blitzen und gaukeln
Die Sonnenlichter. Die Wellen schaukeln
Den lustigen Kahn. Ich saß darin
Mit lieben Freunden und leichtem Sinn.

Der Kahn zerbrach in eitel Trümmer,
Die Freunde waren schlechte Schwimmer,
Sie gingen unter, im Vaterland;
Mich warf der Sturm an den Seinestrand.

Ich hab' ein neues Schiff bestiegen,
Mit neuen Genossen; es wogen und wiegen
Die fremden Fluthen mich hin und her –
Wie fern die Heimat! mein Herz wie schwer!

Und Das ist wieder ein Singen und Lachen –
Es pfeift der Wind, die Planken krachen –
Am Himmel erlischt der letzte Stern –
Wie schwer mein Herz! die Heimat wie fern!

# 11.

## Das neue israelitische Hospital zu Hamburg.

Ein Hospital für arme, kranke Juden,
Für Menschenkinder, welche dreifach elend,
Behaftet mit den bösen drei Gebresten,
Mit Armuth, Körperschmerz und Judenthume.

Das schlimmste von den dreien ist das letzte,
Das tausendjährige Familienübel,
Die aus dem Nilthal mitgeschleppte Plage,
Der altägyptisch ungesunde Glauben.

Unheilbar tiefes Leid! Dagegen helfen
Nicht Dampfbad, Douche, nicht die Apparate
Der Chirurgie, noch all' die Arzeneien,
Die dieses Haus den siechen Gästen bietet.

Wird einst die Zeit, die ew'ge Göttin, tilgen
Das dunkle Weh, das sich vererbt vom Vater
Herunter auf den Sohn, – wird einst der Enkel
Genesen und vernünftig sein und glücklich?

Ich weiß es nicht! Doch mittlerweile wollen
Wir preisen jenes Herz, das klug und liebreich
Zu lindern suchte, was der Lindrung fähig,
Zeitlichen Balsam träufelnd in die Wunden.

Der theure Mann! Er baute hier ein Obdach
Für Leiden, welche heilbar durch die Künste
Des Arztes (oder auch des Todes!), sorgte
Für Polster, Labetrank, Wartung und Pflege –

Ein Mann der That, that er, was eben thunlich;
Für gute Werke gab er hin den Taglohn
Am Abend seines Lebens, menschenfreundlich
Durch Wohlthun sich erholend von der Arbeit.

Er gab mit reicher Hand – doch reichre Spende
Entrollte manchmal seinem Aug', die Thräne,
Die kostbar schöne Thräne, die er weinte
Ob der unheilbar großen Brüderkrankheit.

**12.**

**An Georg Herwegh.**

  Herwegh, du eiserne Lerche,
Mit klirrendem Jubel steigst du empor
Zum heiligen Sonnenlichte!
Ward wirklich der Winter zu nichte?
Steht wirklich Deutschland im Frühlingsflor?

  Herwegh, du eiserne Lerche,
Weil du so himmelhoch dich schwingst,
Hast du die Erde aus dem Gesichte
Verloren – Nur in deinem Gedichte
Lebt jener Lenz, den du besingst.

# 13.

## An Denselben. Bei seiner Ausweisung aus Preußen.

Mein Deutschland trank sich einen Zopf,
Und du, du glaubtest den Toasten!
Du glaubtest jedem Pfeifenkopf
Und seinen schwarz-roth-goldnen Quasten.

Doch als der holde Rausch entwich,
Mein theurer Freund, du warst betroffen –
Das Volk wie katzenjämmerlich,
Das eben noch so schön besoffen!

Ein schimpfender Bedientenschwarm,
Und faule Äpfel statt der Kränze –
An jeder Seite ein Gendarm,
Erreichtest endlich du die Grenze.

Dort bleibst du stehn. Wehmuth ergreift
Dich bei dem Anblick jener Pfähle,
Die wie das Zebra sind gestreift,
Und Seufzer dringen aus der Seele:

»Aranjuez, in deinem Sand,
Wie schnell die schönen Tage schwanden,
Wo ich vor König Philipp stand
Und seinen uckermärk'schen Granden!

»Er hat mir Beifall zugenickt,
Als ich gespielt den Marquis Posa;
In Versen hab' ich ihn entzückt,
Doch ihm gefiel nicht meine Prosa.«

# 14.

## Die Tendenz.

Deutscher Sänger! sing und preise
Deutsche Freiheit, daß dein Lied
Unsrer Seelen sich bemeistre
Und zu Thaten uns begeistre,
In Marseillerhymnenweise.

Girre nicht mehr wie ein Werther,
Welcher nur für Lotten glüht –
Was die Glocke hat geschlagen,
Sollst du deinem Volke sagen,
Rede Dolche, rede Schwerter!

Sei nicht mehr die weiche Flöte,
Das idyllische Gemüth –
Sei des Vaterlands Posaune,
Sei Kanone, sei Karthaune,
Blase, schmettre, donnre, tödte!

Blase, schmettre, donnre täglich,
Bis der letzte Dränger flieht –
Singe nur in dieser Richtung,
Aber halte deine Dichtung
Nur so allgemein als möglich.

# 15.

## Das Kind.

Den Frommen schenkt's der Herr im Traum,
Weiß nicht, wie dir geschah!
Du kriegst ein Kind und merkst es kaum,
Jungfrau Germania.

Es windet sich ein Bübelein
Von deiner Nabelschnur,
Es wird ein hübscher Schütze sein,
Als wie der Gott Amur.

Trifft einst in höchster Luft den Aar,
Und flög' er noch so stolz,
Den doppelköpfigen sogar
Erreicht sein guter Bolz.

Doch nicht wie jener blinde Heid',
Nicht wie der Liebesgott,
Soll er sich ohne Hos' und Kleid
Zeigen als Sansküllott.

Bei uns zu Land die Witterung,
Moral und Polizei
Gebieten streng, daß Alt und Jung
Leiblich bekleidet sei.

# 16.

## Verheißung

Nicht mehr barfuß sollst du traben,
Deutsche Freiheit, durch die Sümpfe,
Endlich kommst du auf die Strümpfe,
Und auch Stiefel sollst du haben!

Auf dem Haupte sollst du tragen
Eine warme Pudelmütze,
Dass sie dir die Ohren schütze
In den kalten Wintertagen.

Du bekömmst sogar zu essen –
Eine große Zukunft naht dir! –
Lass dich nur vom welschen Satyr
Nicht verlocken zu Excessen!

Werde nur nicht dreist und dreister!
Setz nicht den Respekt bei Seiten
Vor den hohen Obrigkeiten
Und dem Herren Bürgermeister!

**17.**

## Der Wechselbalg

Ein Kind mit großem Kürbiskopf,
Hellblondem Schnurrbart, greisem Zopf,
Mit spinnig langen, doch starken Ärmchen,
Mit Riesenmagen, doch kurzen Gedärmchen. –
Ein Wechselbalg, den ein Korporal,
Anstatt des Säuglings, den er stahl,
Heimlich gelegt in unsre Wiege, –
Die Missgeburt, die mit der Lüge,
Mit seinem geliebten Windspiel vielleicht,
Der alte Sodomiter gezeugt, –
Nicht brauch' ich das Ungethüm zu nennen, –
Ihr sollt es ersäufen oder verbrennen!

**18.**

## Der Kaiser von China

    Mein Vater war ein trockner Taps,
Ein nüchterner Duckmäuser;
Ich aber trinke meinen Schnaps
Und bin ein großer Kaiser.

    Das ist ein Zaubertrank! Ich hab's
Entdeckt in meinem Gemüthe:
Sobald ich getrunken meinen Schnaps,
Steht China ganz in Blüthe.

    Das Reich der Mitte verwandelt sich dann
In einen Blumenanger,
Ich selber werde fast ein Mann,
Und meine Frau wird schwanger.

    Allüberall ist Überfluss
Und es gesunden die Kranken;
Mein Hofweltweiser Konfusius
Bekömmt die klarsten Gedanken.

    Der Pumpernickel des Soldats
Wird Mandelkuchen – O Freude!
Und alle Lumpen meines Staats
Spazieren in Sammt und Seide.

    Die Mandarinenritterschaft,
Die invaliden Köpfe,
Gewinnen wieder Jugendkraft
Und schütteln ihre Zöpfe.

    Die große Pagode, Symbol und Hort
Des Glaubens, ist fertig geworden;
Die letzten Juden taufen sich dort
Und kriegen den Drachen-Orden.

Es schwindet der Geist der Revolution
Und es rufen die edelsten Mantschu:
»Wir wollen keine Konstitution,
Wir wollen den Stock, den Kantschu!«

Wohl haben die Schüler Aeskulap's
Das Trinken mir widerrathen,
Ich aber trinke meinen Schnaps
Zum Besten meiner Staaten.

Und noch einen Schnaps, und noch einen Schnaps,
Das schmeckt wie lauter Manna!
Mein Volk ist glücklich, hat's auch den Raps,
Und jubelt: Hosianna!

# 19.

## Schloßlegende.

Zu Berlin im alten Schlosse
Sehen wir, aus Stein gemetzt,
Wie ein Weib mit einem Rosse
Sodomitisch sich ergetzt.

Und es heißt, daß jene Dame
Die erlauchte Mutter ward
Unsres Fürstenstamms. Der Same
Schlug fürwahr nicht aus der Art.

Ja fürwahr, sie hatten Wenig
Von der menschlichen Natur!
Und an jedem Preußenkönig
Merkte man die Pferdespur.

Das Brutale in der Rede,
Das Gelächter ein Gewiehr,
Stallgedanken, – und das öde
Fressen – jeder Zoll ein Thier!

Du allein, du des Geschlechtes
Jüngster Sprößling, fühlst und denkst
Wie ein Mensch, du hast ein rechtes
Christenherz, und bist – kein Hengst!

## 20.

## Der neue Alexander.

### I.

Es ist ein König in Thule, Der trinkt
Champagner, es geht ihm Nichts drüber;
Und wenn er seinen Champagner trinkt,
Dann gehen die Augen ihm über.

Die Ritter sitzen um ihn her,
Die ganze historische Schule;
Ihm aber wird die Zunge schwer,
Es lallt der König von Thule:

»Als Alexander, der Griechenheld,
Mit seinem kleinen Haufen
Erobert hatte die ganze Welt,
Da gab er sich ans Saufen.

»Ihn hatten so durstig gemacht der Krieg
Und die Schlachten, die er geschlagen;
Er soff sich zu Tode nach dem Sieg,
Er konnte nicht Viel vertragen.

»Ich aber bin ein stärkerer Mann
Und habe mich klüger besonnen:
Wie Jener endete, fang' ich an,
Ich hab' mit dem Trinken begonnen.

»Im Rausche wird der Heldenzug
Mir später weit besser gelingen;
Dann werde ich, taumelnd von Krug zu Krug,
Die ganze Welt bezwingen.«

## II.

Da sitzt er und schwatzt mit lallender Zung',
Der neue Alexander;
Den Plan der Welteroberung,
Den setzt er auseinander:

»Lothringen und Elsaß, Das weiß ich längst,
Die fallen uns zu von selber;
Der Stute folgt am End' der Hengst,
Es folgen der Kuh die Kälber.

»Mich lockt die Champagne, das bessre Land,
Wo jene Reben sprießen,
Die lieblich erleuchten unsern Verstand
Und uns das Leben versüßen.

»Hier soll sich erproben mein Kriegesmuth,
Hier soll der Feldzug beginnen;
Es knallen die Propfen, das weiße Blut
Wird aus den Flaschen rinnen.

»Hier wird mein junges Heldenthum
Bis zu den Sternen moussieren,
Ich aber verfolge meinen Ruhm,
Ich will auf Paris marschieren.

»Dort vor der Barrière mach' ich Halt,
Denn vor den Barrière-Pforten,
Da wird kein Octroi bezahlt
Für Wein von allen Sorten.«

## III.

»Mein Lehrer, mein Aristoteles,
Der war zuerst ein Pfäffchen

Von der französischen Kolonie,
Und trug ein weißes Beffchen.

»Er hat nachher, als Philosoph,
Vermittelt die Extreme,
Und leider Gottes hat er mich
Erzogen nach seinem Systeme.

»Ich ward ein Zwitter, ein Mittelding,
Das weder Fleisch noch Fisch ist,
Das von den Extremen unserer Zeit
Ein närrisches Gemisch ist.

»Ich bin nicht schlecht, ich bin nicht gut,
Nicht dumm und nicht gescheute,
Und wenn ich gestern vorwärts ging,
So geh' ich rückwärts heute;

»Ein aufgeklärter Obskurant,
Und weder Hengst noch Stute,
Ja, ich begeistre mich zugleich
Für Sophokles und die Knute.

»Herr Jesus ist meine Zuversicht,
Doch auch den Bacchus nehme
Ich mir zum Tröster, vermittelnd stets
Die beiden Götter-Extreme.«

# 21.

## Lobgesänge auf König Ludwig.

I.

Das ist Herr Ludwig von Baierland,
Desgleichen giebt es Wenig';
Das Volk der Bavaren verehrt in ihm
Den angestammelten König.

Er liebt die Kunst, und die schönsten Fraun
Die lässt er porträtieren;
Er geht in diesem gemalten Serail
Als Kunst-Eunuch spazieren.

Bei Regensburg lässt er erbaun
Eine marmorne Schädelstätte,
Und er hat höchstselbst für jeden Kopf
Verfertigt die Etikette.

»Walhallagenossen,« ein Meisterwerk,
Worin er jedweden Mannes
Verdienste, Charakter und Thaten gerühmt,
Von Teut bis Schinderhannes.

Nur Luther, der Dickkopf fehlt in Walhall,
Und es feiert ihn nicht der Walhall-Wisch,
In Naturaliensammlungen fehlt
Oft unter den Fischen der Walfisch.

Herr Ludwig ist ein großer Poet,
Und singt er, so stürzt Apollo
Vor ihm auf die Knie und bittet und fleht:
»Halt ein! ich werde sonst toll, o!«

Herr Ludwig ist ein muthiger Held,
Wie Otto, das Kind, sein Söhnchen;

Der kriegte den Durchfall zu Athen,
Und hat dort besudelt sein Thrönchen.

Stirbt einst Herr Ludwig, so kanonisiert
Zu Rom ihn der heilige Vater –
Die Glorie passt für ein solches Gesicht
Wie Manschetten für unseren Kater!

Sobald auch die Affen und Känguruhs
Zum Christenthum sich bekehren,
Sie werden gewiß Sankt Ludewig
Als Schutzpatron verehren.


## II.

Herr Ludewig von Baierland
Sprach seufzend zu sich selber:
»Der Sommer weicht, der Winter naht,
Das Laub wird immer gelber.

»Der Schelling und der Cornelius,
Sie mögen von dannen wandern:
Dem Einen erlosch im Kopf die Vernunft,
Die Phantasie dem Andern.

»Doch daß man aus meiner Krone stahl
Die beste Perle, daß man
Mir meinen Turnkunstmeister geraubt,
Das Menschenjuwel, den Maßmann –

»Das hat mich gebeugt, Das hat mich geknickt,
Das hat mir die Seele zerschmettert:
Mir fehlt jetzt der Mann, der in seiner Kunst
Den höchsten Pfahl erklettert.

»Ich sehe die kurzen Beinchen nicht mehr,
Nicht mehr die platte Nase;

Er schlug wie ein Pudel frisch-fromm-fröhlich-frei
Die Purzelbäume im Grase.

»Nur Altdeutsch verstand er, der Patriot,
Nur Jakob-Grimmisch und Zeunisch;
Fremdwörter blieben ihm immer fremd,
Griechisch zumal und Lateinisch.

»Er hat, ein vaterländisch Gemüth,
Nur Eichelkaffe getrunken,
Franzosen fraß er und Limburger Käs,
Nach letzterm hat er gestunken.

»O, Schwager! gieb mir den Maßmann zurück!
Denn unter den Gesichtern
Ist sein Gesicht, was ich selber bin
Als Dichter unter den Dichtern.

»O Schwager! behalt den Cornelius,
Auch Schelling, (daß du den Rückert
Behalten kannst, versteht sich von selbst) –
Wenn nur der Maßmann zurückkehrt!

»O, Schwager! begnüge dich mit dem Ruhm,
Daß du mich verdunkelt heute;
Ich, der in Deutschland der Erste war,
Ich bin nur noch der Zweite«...


III.

Zu München in der Schloßkapell'
Steht eine schöne Madonne;
Sie trägt in den Armen ihr Jesulein,
Der Welt und des Himmels Wonne.

Als Ludewig von Baierland
Das Heiligenbild erblicket,

Da kniete er nieder andachtsvoll
Und stotterte, selig verzücket:

»Maria, Himmelskönigin,
Du Fürstin sonder Mängel!
Aus Heil'gen besteht dein Hofgesind
Und deine Diener sind Engel.

»Geflügelte Pagen warten dir auf,
Sie flechten dir Blumen und Bänder
Ins goldene Haar, sie tragen dir nach
Die Schleppe deiner Gewänder.

»Maria, reiner Morgenstern,
Du Lilje sonder Makel,
Du hast so manches Wunder gethan,
So manches fromme Mirakel –

»O, laß aus deiner Gnaden Born
Auch mir ein Tröpflein gleiten!
Gieb mir ein Zeichen deiner Huld
Der hochgebenedeiten!« –

Die Mutter Gottes bewegt sich alsbald,
Sichtbar bewegt sich ihr Mündchen,
Sie schüttelt ungeduldig das Haupt
Und spricht zu ihrem Kindchen:

»Es ist ein Glück, daß ich auf dem Arm
Dich trage und nicht mehr im Bauche,
Ein Glück, dass ich vor dem Versehn
Mich nicht mehr zu fürchten brauche.

»Hätt' ich in meiner Schwangerschaft
Erblickt den hasslichen Thoren,
Ich hätte gewiss einen Wechselbalg
Statt eines Gottes geboren.«

**22.**

## Kirchenrath Prometheus.

 Ritter Paulus, edler Räuber,
Mit gerunzelt düstren Stirnen
Schaun die Götter auf dich nieder,
Dich bedroht das höchste Zürnen.

 Ob dem Raube, ob dem Diebstahl,
Den du im Olymp begangen –
Fürchte des Prometheus Schicksal,
Wenn dich Iovis Häscher fangen!

 Freilich, Jener stahl noch Schlimmres,
Stahl das Licht, die Flammenkräfte,
Um die Menschheit zu erleuchten –
Du, du stahlest Schelling's Hefte.

 Just das Gegentheil des Lichtes,
Finsternis, die man betastet,
Die man greifen kann wie jene,
Die Ägypten einst belastet.

**23.**

## An den Nachtwächter.
### (Bei späterer Gelegenheit.)

  Verschlechtert sich nicht dein Herz und dein Stil,
So magst du treiben jedwedes Spiel;
Mein Freund, ich werde dich nie verkennen,
Und sollt' ich dich auch Herr Hofrath nennen.

 Sie machen jetzt ein großes Geschrei
Von wegen deiner Verhofrätherei,
Vom Seinestrand bis an der Elbe
Hört' ich seit Monden immer Dasselbe:

 Die Fortschrittsbeine hätten sich
In Rückschrittsbeine verwandelt – O, sprich,
Reitest du wirklich auf schwäbischen Krebsen?
Äugelst du wirklich mit fürstlichen Kebsen?

 Vielleicht bist du müde und sehnst dich nach Schlaf,
Du hast die Nacht hindurch so brav
Geblasen, jetzt hängst du das Horn an den Nagel:
»Mag tuten, wer will, für den deutschen Jan Hagel!«

 Du legst dich zu Bette und schließest zu
Die Augen, doch lässt man dich nicht in Ruh.
Vor deinem Fenster spotten die Schreier:
»Brutus, du schläfst? Wach auf, Befreier!«

 Ach! so ein Schreier weiß nicht, warum
Der beste Nachtwächter wird endlich stumm,
Es ahndet nicht so ein junger Maulheld,
Warum der Mensch am End' das Maul hält.

 Du fragst mich, wie es uns hier ergeht?
Hier ist es still, kein Windchen weht,

Die Wetterfahnen sind sehr verlegen,
Sie wissen nicht, wohin sich bewegen...

## 24.

## Zur Beruhigung.

Wir schlafen ganz wie Brutus schlief,
Doch Jener erwachte und bohrte tief
In Cäsar's Brust das kalte Messer!
Die Römer waren Tyrannenfresser.

Wir sind keine Römer, wir rauchen Taback.
Ein jedes Volk hat seinen Geschmack,
Ein jedes Volk hat seine Grüße!
In Schwaben kocht man die besten Klöße.

Wir sind Germanen, gemüthlich und brav,
Wir schlafen gesunden Pflanzenschlaf,
Und wenn wir erwachen, pflegt uns zu dürsten,
Noch nicht nach dem Blute unserer Fürsten.

Wir sind so treu wie Eichenholz,
Auch Lindenhoh, drauf sind wir stolz!
Im Land der Eichen und der Linden
Wird niemals sich ein Brutus finden.

Und wenn auch ein Brutus unter uns wär',
Den Cäsar fänd' er nimmermehr,
Vergeblich würd' er den Cäsar suchen;
Wir haben gute Pfefferkuchen.

Wir haben sechs und dreißig Herrn,
(Ist nicht zu Viel!) und einen Stern
Trägt jeder schützend auf seinem Herzen,
Und er braucht nicht zu fürchten die Iden des Märzen.

Wir nennen sie Väter, und Vaterland
Benennen wir dasjenige Land,
Das erbeigenthümlich gehört den Fürsten;
Wir lieben auch Sauerkraut mit Würsten.

Wenn unser Vater spazieren geht,
Ziehn wir den Hut mit Pietät;
Deutschland, die fromme Kinderstube,
Ist keine römische Mördergrube.

**25.**

## Verkehrte Welt.

Das ist ja die verkehrte Welt,
Wir gehen auf den Köpfen!
Die Jäger werden dutzendweis
Erschossen von den Schnepfen.

Die Kälber braten jetzt den Koch,
Auf Menschen reiten die Gäule;
Für Lehrfreiheit und Rechte des Lichts
Kämpft die katholische Eule.

Der Häring wird ein Sanskülott,
Die Wahrheit sagt uns Bettine,
Und ein gestiefelter Kater bringt
Den Sophokles auf die Bühne.

Ein Affe lässt ein Pantheon
Erbauen für deutsche Helden.
Der Massmann hat sich jüngst gekämmt,
Wie deutsche Blätter melden.

Germanische Bären glauben nicht mehr,
Und werden Atheisten;
Jedoch die französischen Papagein,
Die werden gute Christen.

Im uckermärk'schen Moniteur
Hat man's am tollsten getrieben:
Ein Todter hat dem Lebenden dort
Die schnödeste Grabschrift geschrieben.

Lasst uns nicht schwimmen gegen den Strom,
Ihr Brüder! Es hilft uns Wenig!
Lasst uns besteigen den Templower Berg
Und rufen: »Es lebe der König!«

## 26.

### Erleuchtung.

Michel! fallen dir die Schuppen
Von den Augen? Merkst du itzt,
Dass man dir die besten Suppen
Vor dem Munde wegstibitzt?

Als Ersatz ward dir versprochen
Reinverklärte Himmelsfreud'
Droben, wo die Engel kochen
Ohne Fleisch die Seligkeit!

Michel! wird dein Glaube schwächer
Oder stärker dein App'tit?
Du ergreifst den Lebensbecher
Und du singst ein Heldenlied!

Michel! fürchte Nichts und labe
Schon hienieden deinen Wanst,
Später liegen wir im Grabe,
Wo du still verdauen kannst.

# 27.

## Deutschland.

Deutschland ist noch kleines Kind,
Doch die Sonne ist seine Amme,
Sie säugt es nicht mit stiller Milch,
Sie säugt es mit wilder Flamme.

Bei solcher Nahrung wächst man schnell
Und kocht das Blut in den Adern.
Ihr Nachbarskinder, hütet euch
Mit dem jungen Burschen zu hadern!

Er ist ein täppisches Rieselein,
Reißt aus dem Boden die Eiche,
Und schlägt euch damit den Rücken wund
Und die Köpfe windelweiche.

Dem Siegfried gleicht er, dem edlen Fant,
Von dem wir singen und sagen;
Der hat, nachdem er geschmiedet sein Schwert,
Den Amboss entzwei geschlagen!

Ja, du wirst einst wie Siegfried sein,
Und tödten den hässlichen Drachen,
Heisa! wie freudig vom Himmel herab
Wird deine Frau Amme lachen!

Du wirst ihn tödten, und seinen Hort,
Die Reichskleinodien, besitzen.
Heisa! wie wird auf deinem Haupt
Die goldne Krone blitzen!

## 28.

## Wartet nur!

Weil ich so ganz vorzüglich blitze,
Glaubt ihr, dass ich nicht donnern könnt'!
Ihr irrt euch sehr, denn ich besitze
Gleichfalls für's Donnern ein Talent.

Es wird sich grausenhaft bewähren,
Wenn einst erscheint der rechte Tag;
Dann sollt ihr meine Stimme hören,
Das Donnerwort, den Wetterschlag.

Gar manche Eiche wird zersplittern
Au jenem Tag der wilde Sturm,
Gar mancher Pallast wird erzittern
Und stürzen mancher Kirchenthurm!

## 29.

## Nachtgedanken.

Denk' ich an Deutschland in der Nacht,
Dann bin ich um den Schlaf gebracht,
Ich kann nicht mehr die Augen schließen,
Und meine heißen Thränen fließen.

Die Jahre kommen und vergehn!
Seit ich die Mutter nicht gesehn,
Zwölf Jahre sind schon hingegangen;
Es wächst mein Sehnen und Verlangen.

Mein Sehnen und Verlangen wächst.
Die alte Frau hat mich behext.
Ich denke immer an die alte,
Die alte Frau, die Gott erhalte!

Die alte Frau hat mich so lieb,
Und in den Briefen, die sie schrieb,
Seh' ich, wie ihre Hand gezittert,
Wie tief das Mutterherz erschüttert.

Die Mutter liegt mir stets im Sinn.
Zwölf lange Jahre flossen hin,
Zwölf lange Jahre sind verflossen,
Seit ich sie nicht ans Herz geschlossen.

Deutschland hat ewigen Bestand,
Es ist ein kerngesundes Land;
Mit seinen Eichen, seinen Linden
Werd' ich es immer wieder finden.

Nach Deutschland lechzt' ich nicht so sehr,
Wenn nicht die Mutter dorten wär';
Das Vaterland wird nie verderben,
Jedoch die alte Frau kann sterben.

Seit ich das Land verlassen hab',
So Viele sanken dort ins Grab,
Die ich geliebt – wenn ich sie zähle,
So will verbluten meine Seele.

Und zählen muß ich – Mit der Zahl
Schwillt immer höher meine Qual;
Mir ist, als wälzten sich die Leichen
Auf meine Brust – Gottlob! sie weichen!

Gottlob! durch meine Fenster bricht
Französisch heitres Tageslicht;
Es kommt mein Weib, schön wie der Morgen,
Und lächelt fort die deutschen Sorgen.

# 30.

## Die Weber.

Im düstern Auge keine Thräne,
Sie sitzen am Webstuhl und fletschen die Zähne:
»Deutschland, wir weben dein Leichentuch,
Wir weben hinein den dreifachen Fluch –
Wir weben, wir weben!

»Ein Fluch dem Götzen, zu dem wir gebeten
In Winterskälte und Hungersnöthen;
Wir haben vergebens gehofft und geharrt,
Er hat uns geäfft und gefoppt und genarrt –
Wir weben, wir weben!

»Ein Fluch dem König, dem König der Reichen,
Den unser Elend nicht konnte erweichen,
Der den letzten Groschen von uns erpresst,
Und uns wie Hunde erschießen lässt –
Wir weben, wir weben!

»Ein Fluch dem falschen Vaterlande,
Wo nur gedeihen Schmach und Schande,
Wo jede Blume früh geknickt,
Wo Fäulnis und Moder den Wurm erquickt –
Wir weben, wir weben!

»Das Schiffchen fliegt, der Webstuhl kracht,
Wir weben emsig Tag und Nacht –
Altdeutschland, wir weben dein Leichentuch,
Wir weben hinein den dreifachen Fluch,
Wir weben, wir weben!«

**31.**

## Unsere Marine.
## Nautisches Gedicht.

Wir träumten von einer Flotte jüngst,
Und segelten schon vergnüglich
Hinaus aufs balkenlose Meer,
Der Wind war ganz vorzüglich.

Wir hatten unsern Fregatten schon
Die stolzesten Namen gegeben;
Prutz hieß die eine, die andre hieß
Hoffmann von Fallersleben.

Da schwamm der Kutter Freiligrath,
Darauf als Puppe die Büste
Des Mohrenkönigs, die wie ein Mond
(Versteht sich, ein schwarzer!) grüßte.

Da kamen geschwommen ein Gustav Schwab,
Ein Pfizer, ein Kölle, ein Mayer;
Auf jedem stand ein Schwabengesicht
Mit einer hölzernen Leier.

Da schwamm die Birch-Pfeiffer, eine Brigg,
Sie trug am Fockmast das Wappen
Der deutschen Admiralität
Auf schwarz-roth-goldnem Lappen.

Wir kletterten keck an Bugspriet und Raan
Und trugen uns wie Matrosen,
Die Jacke kurz, der Hut betheert,
Und weite Schifferhosen.

Gar Mancher, der früher nur Thee genoß
Als wohlerzogener Ehmann,

Der soff jetzt Rum und kaute Taback,
Und fluchte wie ein Seemann.

Seekrank ist Mancher geworden sogar,
Und auf dem Fallersleben,
Dem alten Brander, hat Mancher sich
Gemüthlich übergeben.

Wir träumten so schön, wir hatten fast
Schon eine Seeschlacht gewonnen –
Doch als die Morgensonne kam,
Ist Traum und Flotte zerronnen.

Wir lagen noch immer im heimischen Bett
Mit ausgestreckten Knochen.
Wir rieben uns aus den Augen den Schlaf,
Und haben gähnend gesprochen:

»Die Welt ist rund. Was nützt es am End',
Zu schaukeln auf müßiger Welle!
Der Weltumsegler kommt zuletzt
Zurück auf dieselbe Stelle.

## Eigene Buchreihe oder eigenen Verlag gründen

Seit 2009 bietet tredition sein Verlagskonzept auch als sogenanntes "White-Label" an. Das bedeutet, dass andere Unternehmen, Institutionen und Personen risikofrei und unkompliziert selbst zum Herausgeber von Büchern und Buchreihen unter eigener Marke werden können. tredition übernimmt dabei das komplette Herstellungs- und Distributionsrisiko.

Zahlreiche Zeitschriften-, Zeitungs- und Buchverlage, Universitäten, Forschungseinrichtungen u.v.m. nutzen diese Dienstleistung von tredition, um unter eigener Marke ohne Risiko Bücher zu verlegen.

Alle Informationen im Internet: **www.tredition.de/fuer-verlage**

tredition wurde mit mehreren Innovationspreisen ausgezeichnet, u. a. mit dem Webfuture Award und dem Innovationspreis der Buch Digitale.

tredition ist Mitglied im Börsenverein des Deutschen Buchhandels.

## Dieses Werk elektronisch lesen

Dieses Werk ist Teil der Gutenberg-DE Edition DVD. Diese enthält das komplette Archiv des Projekt Gutenberg-DE. Die DVD ist im Internet erhältlich auf **http://gutenbergshop.abc.de**

Zeitfracht Medien GmbH
Ferdinand-Jühlke-Straße 7
99095 Erfurt, Deutschland
produktsicherheit@kolibri360.de